キミの人生だ…いい
ものにしよう
ワークブック

キミの人生だ…
いいものにしよう！

未来学の専門家がキミの未来を如何に予測し、
デザインするかを教えてくれる。
ヴェルン・ウィールライト博士 著
水 田 和 生 訳

ヴェルン・ウイールライト　博士
水 田 和 生　訳

2

The Personal Futures Network

1917 Guava Circle, Harlingen TX 78552

www.personalfutures.net

Email: verne@personalfutures.net .

ISBN 978-0-9892635-1-1

Printed in the United States of America

目次

はじめに

個人的な未来って何？　ここで個人的な未来について考えるにあたって、それはある個人のあり得る人生についての探査なのだが、その個人を直接巻き込む未来についてだけ考えるという事なのだ。ここでは、キミとキミの家族を直接巻き込む未来について学ぶのだ。

キミの未来について学ぶことによって何を期待すべきか。このワークブックのアプローチには三つのステップがある。

1　自分の人生についての情報の枠組みを構築する。

2　その情報の枠組みから、シナリオを書きキミの未来を探査する。

3　そのシナリオから、ビジョンを描き、キミの未来についての
戦略と行動計画案を発展させる。

キミは、世界中の未来研究者が長年使って来たのと同じ方法を使う。この練習の終わりには、キミは自分の人生の大局的な見方とビジョンを身につけ、次の局面に対する具体的な計画を持ち、予測していなかった事態に対処出来る不測対応プランを持つことが出来るのだ。

キミの未来に対して準備するために、次の三つのステップがある。

キミの人生を見て、今何処にいるかを見る

人生の局面

個人的な領域と推進する力

出来事

キミの価値観、強さと弱点

キミの未来をシナリオで探査する

シナリオの母体になるものを考える

キミの人生の推進力に付いて調べる

四つのシナリオを描く

キミの未来を創造する―自分が生きたいと思う未来
　　　次の局面のビジョンを持つ
　　　戦略を練る
　　　行動計画案を立てる
　　　不測の事態を考える

そして、最後は…**自分が立てた計画を生きる！**

セクション Ⅰ

　キミが自分の人生に未来学的方法論を応用する前に、キミは基本的にキミのあり得る未来について結論を出すための情報を持たなければならない。セクション　ワンでは、キミは次の事について学ぶ。

　　　　1）　人生の局面
　　　　2）　人生を推進する力を含む個人の六つの領域
　　　　3）　起こる可能性とその影響力を予測出来る人生の出来事
!!!!!!!!!5*!キミの個人的な価値観、強さと弱さの検証
以上の情報は、次の章でキミの個人的なシナリオを書く時の基礎になるものなのだ。

人生の局面 (第2章)

１０の局面

　続く頁には、人生の 10 の局面−各局面についての簡単な記述−の一覧表が出ている。各局面について知るにつれて、次の局面に移動する変化する期間に気をつけて欲しい。この変化の期間は大切で、時には困難に直面する時なのだ。しかし、準備と理解がそれに対処する助けになる。６０歳を過ぎると、人生の局面は暦の上の年齢と関係はなくなり、もっと肉体的、精神的な健康と深く関わってくる。

　変化、未来について学習するのはそれが全てだ。変化無くして、毎日は、古い映画を繰り返し見ているように、同じなのだ。未来を探査する時に、キミは自分の人生で起こるかもしれない或は起こる変化に気をつけて、見落とさないようにすべきなのだ。

　掲載されている写真は、人生の各局面がイメージで理解出来るように載せておいた。それがきっかけとなって、キミ自身の人生の局面をイメージするのに役立てば、幸いである。

人生の局面

幼年　誕生から２年。世話無くしては動けない。脳や感覚機能の発達。色々な機能を学ぶ。

幼少　３-９歳。成長を続け、更に色々な機能を獲得し、言葉も。遊びを覚え、友達付き合いを始める。更に成長し、学校に通い始め、団体活動に参加する。

思春期　１０-１９歳。成長は急だ。思春期にはホルモンの変化と反応がある。激しい感情がしばしば優勢になり、それで決定してしまうこともある。

若年成人　２０-２９歳。高等教育を終え、キャリアーと家族との生活が始まる。可能性に対応そして財政的プレッシャー。

成年　３０-３９歳。家族生活を守り、仕事の責任が増える。この局面で家庭を持つ人が増えている。プレッシャーに対応は続く。

中年　４０-６０歳。加齢の兆しやライフスタイルの陰；更年期、子供たちの巣立ち、孫の出現、仕事での頂点。両親は介護が必要。

自由な老年期

６０歳以上。加齢とライフスタイルの兆候。年金受給対象。高齢者医療保険。年金。退職。自由裁量の時間や旅行、趣味やスポーツの機会。健康問題。治療。伴侶やその他の人の世話。この局面は人生で一番長い期間になりつつある。

害を受け易い老年期

弱くなる。意識や肉体的健康問題。介護が必要。運転を止める。介護施設のある施設へ移動の可能性。この局面は選択自由で、今までは、老人のイメージだった。

介護が必要な老年期

毎日の介護が必要。自分の機能が果たせない。老人ホームへ移動。このステージも選択自由。

終末期

患っている病気の最終段階か終末の診断を受ける。ホスピス施設、入院或は介護士付きのホーム。この期間は短期間の可能性。

さて、ここで人生の局面を改めてみてみよう。個々の局面を表すイメージがあるか。局面とイメージを使いつつ、キミの人生の未来の局面を展望出来るだろうか。

キミは自分自身について調べた後で、どの局面に対する計画を立てるのか決めなければならない。ある局面についての計画を立てる事が出来るし、或は、ただ次ぎの 10 年間について計画することも出来る。

自分の人生の現在の局面	
個人的な戦略的計画案についての局面	
この計画案は…年に終了	

キミは今、どの局面にいるのか。キミの子供は？　両親は？　キミたち一人一人にとって次の局面は？　家族の局面を理解すれば、変化とそれがもたらすキミへの影響について考える助けになる。

次の頁の表を使って、キミの現在の年齢を、今年の一行目に入れ、続けて各年に年齢を書き込んで行く。現在の局面では、その局面が何時終わるのか決める。その年にアンダーラインを引き、キミの年齢をその年に書き込む。次の局面は何時終わるのか。その年にも印を付けておこう。

家族の一人一人に同じようなことをしておく。今現在、各人がどの局面にいるのか確かめて、その局面が何時終わるのかを確実にしておく。表を完成したて、それまでに既に家族全員の重要な変化、キミ自身と家族全員がある局面から次の局面に変わる時期とその時の皆の年齢に、印を付けていることになるだろう。その表を見る事によって、キミは家族の変化と自分の年齢と暦に関係づけることが出来るはずだ。

家族：年齢と局面

年月	キミの年齢	伴侶の年齢	一番年上の子	一番年下の子	一番高齢の両親	その他
名前						
２０１４						
２０１５						
２０１６						
２０１７						
２０１８						
２０１９						
２０２０						
２０２１						
２０２２						
２０２３						
２０２４						
２０２５						
２０２６						
２０２７						
２０２８						
２０２９						
２０３０						
２０３１						
２０３２						
２０３３						

「その他」の部分には、親しい友達、家族や自分の人生で大切な人を書き込んでおく。その人たちは、キミの年齢によって変わるかもしれない。祖父母、孫、兄弟姉妹、親しい友人とペットもいい。次の頁でその例を示そう。

例：若年成人の家族ワークシート

年月	キミの年齢	伴侶の年齢	一番年上の子	一番年下の子	一番高齢の両親	その他
名前	太郎／花子	まだない			５０	愛犬ウルフ
２０１３	２０					
２０１４						
２０１５						
２０１６						
２０１７						
２０１８						
２０１９						
２０２０						
２０２１						
２０２２	若年成人					
２０２３	３０					
２０２４	成年					
２０２５						
２０２６						
２０２７						
２０２８						
２０２９						
２０３０						
２０３１						
２０３２						
２０３３	４０					

個人の活動領域（第4．5．6章）

　個人の活動領域は、キミの人生を通して動く色々な力で、主なものとそうでないものも含めて、多くの場合、キミを動かすものだ。これらの力で、キミにプレッシャーを懸けたり、動機づけしたりするものが、キミの人生における推進力なのだ。ここでは、六つの種類の力について考える。というのは、それは皆に共通したもので、全ての人の誕生から死に至るまで関わるものだからだ。

　各領域は2、3の違った力を含み、その中のどれでも、ある人生の局面で優勢になるものなのだ。例えば、社会的領域は、若年成人の人生では優勢な推進力になる。この局面の初期の段階では、友達付き合いは大事であり、しかし、その人が結婚しようと決心し、家庭を持てば、家族が個人の決定の多くを推進する社会的領域が優勢になる。

　関わるのが家族か友達とか、どちらでもこの局面では個人の人生で強く関わる人になる。同時に、若年成人は教育を終わり、キャリアーを始める。この二つは活動領域のものだ。この局面では、社会的（家庭と友達）と活動（教育とキャリアー）の領域が、多くの場合、個人の人生の推進力になる。

　財政領域は成年の局面ではより優勢な力になるだろう。というのは、家族生活からくる要求や必要性にかられるものもあれば、同時に当の個人が貯金し財産を殖やす必要が出てくるからだ。

　健康領域は人生の後半の部分で優勢なものになる。通常、自由な老年期かそれ以降の時期だ。もっと若い人にすれば、もし健康問題があるか、ダイエットの問題や健康を維持するために注意するのであれば、これは強い力になる。

　住宅の領域は、人生の色々な局面、収得、引っ越しや改築の場面で出てくる。引っ越しの時は、一時的にこの領域は重要になる。必要が満たされれば、この領域はあまり問題ではなくなる。

　交通手段の領域は、十代の人には車を運転出来る時になるので、重要だし、通勤に使う人そして運転出来なくなる状況に直面する老齢者に取っても大事なことだ。車の所有者が少ない文化では、歩く、オートバイ、バス等が交通手段の主な手段になるだろう。いずれにしても、それが使えなくなるまで、交通手段についてはあまり考えない人が多い。

個人的な領域

活動領域-することすべて。例えば： 　　学校-練習、自己研鑽、生涯教育 　　仕事やキャリアー 　　信仰 　　スポーツ、趣味、旅行、ゲームや娯楽
財政領域-財政に関すること全て。例えば： 　　収入、財産 　　支出、借金，負債 　　投資 　　財政的危機、保険
健康領域-健康に関する全て。例えば： 　　健康な状態-身体と精神の状態 　　薬物治療 　　食事と運動 　　治療-専門家から受ける治療 　　個人的ケアー生活の中で受ける助け
住居領域-家に関わる事全て。住居地。例えば： 　　家-戸建、マンション（賃貸）、介護施設 　　近隣-近所とその地域 　　国家-住んでいる国と地域 　　気候
社会領域-キミの人生で関わる人と出来事。例えば： 　　家族全員、友人 　　同僚、近隣 　　助言者 　　組織に関わる人
交通手段領域-移動と便利さ 　　移動-歩く、車いす 　　移動手段-自動車、自転車、バイク 　　移動する距離-仕事、マーケット、病院等 　　公共移動手段-バス、タクシー、電車、救急車 　　長距離の公共移動手段-電車、飛行機、船

推進力と傾向を見る２、３の道具

時系列と傾向線を見る

　各領域について、年齢に従った領域の質を考えるために下のようなチャートを使う。示されている例に習って、ある期間の質を考えて、誕生から現在までの 10 年毎のマスに線を入れる。書き入れた線をつなぐと出来る。

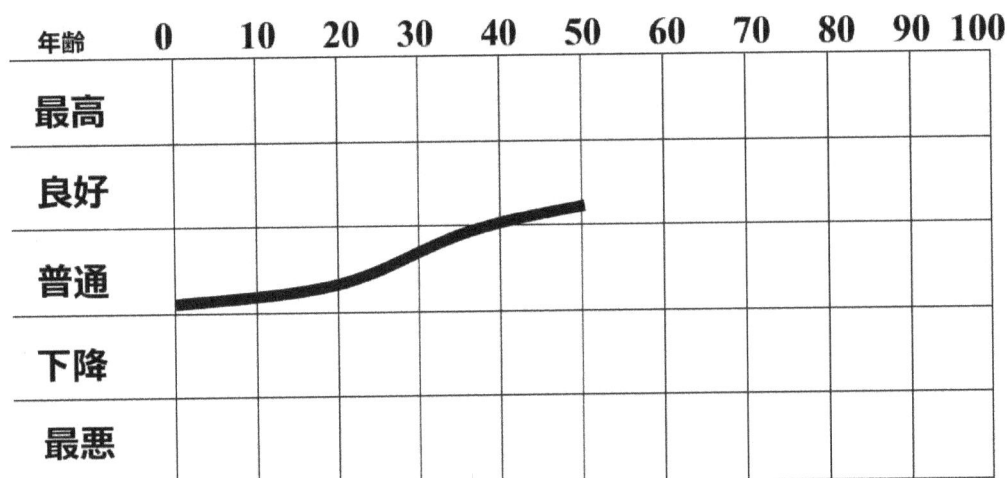

年齢	0	10	20	30	40	50	60	70	80	90	100
最高											
良好											
普通											
下降											
最悪											

　次に、探査したい局面に向けて線を引く。下の図に習って。この線は次の局面の考えうる最高の質の評価である。これはキミのこの局面に対する楽天的評価である。

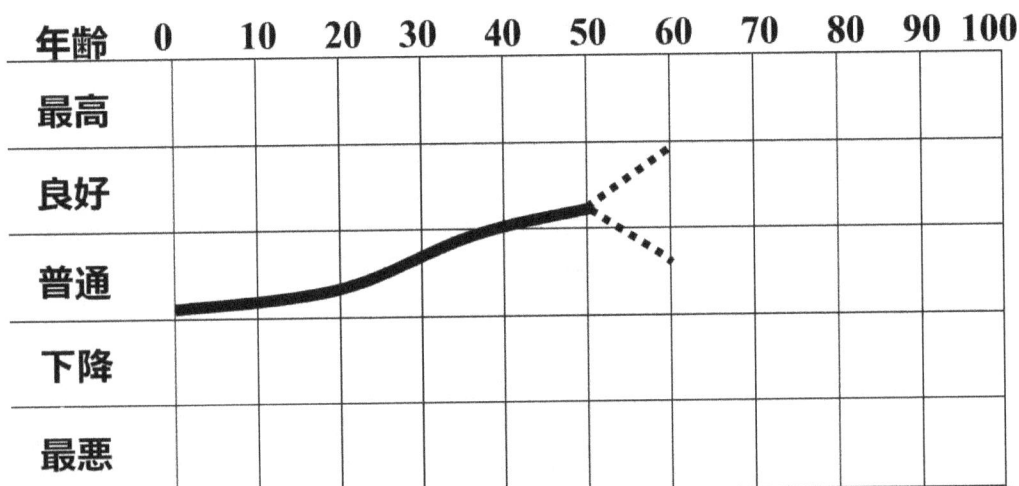

年齢	0	10	20	30	40	50	60	70	80	90	100
最高											
良好											
普通											
下降											
最悪											

　最後に、チャートに示されているように、次の 10 年間に二本目の線を入れるが、それは、その局面についての最低の評価を示すものである。これはキミの悲観的な見方である。

　ここに書き入れたものはあくまで予測の評価であり、又、ここに書き入れたものは起こりうる範囲のものであることに注意しておいて欲しい。それでは、起こりうることを

こりうることをどう定義すれば良いのだろうか。

　一つには、下の図の「強いて言えば起こりうる」の部分に示されている。キミの二つの投影線で作られたとんがりの外にある部分は「起こりうる」の部分に出ている。

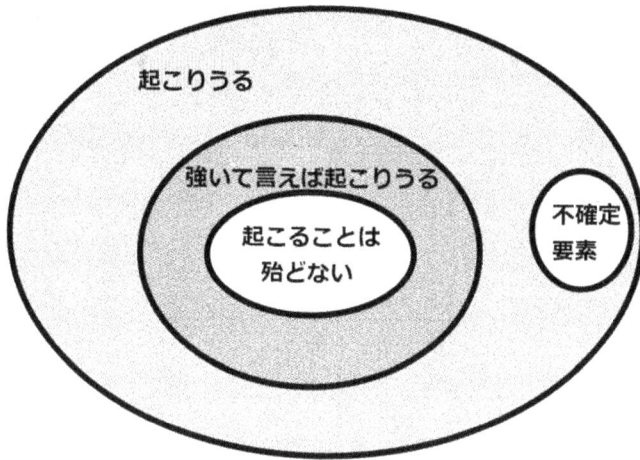

　この図は未来に存在する可能性を説明している。全てのことは「起こりうる」の範囲にあり、「強いて言えば起こりうる」は「起こりうる」の輪の中で示されている。さらに、「起こることは殆どない」は「強いて言えば起こりうる」の輪の中に示されている。「不確定要素」（宝くじに当たる、隕石に当たる等）は「起こりうる」範囲の中で、「強いて言えば起こりうる」範囲の中ではない。

　各領域に関する空白の部分が続く。その一つ一つに、その領域の現在までの各１０年間の人生の質のレベルを記す。レベルの変化とその線の方向が現在に対してどう向いているかに気をつける。現在に向かっている線の方向と角度がキミの人生の現在の力の方向を示している。傾向線の方向は上向きか、下向きか、水平だ。水平の目線から見てその方向の角度がその傾向が変化している早さを示している。

　個人の活動領域のワークシートは幾つかの方法で役に立つ。未来に向かってキミが延ばした線は未来に対する強いて言えば起こりうるシナリオを決めるのに役に立つはずだ。ワークシートが完成すれば、未来についてのキミのシナリオの基礎になる情報の枠組みを作り出すのに役立つはずだ。

活動領域

　　ここには、学校、トレーニング、自己啓発、仕事やキャリアー、信仰、スポーツ、趣味、旅行等キミがする全てのことが含まれる。何かに熱中する中毒のような行為は悪いことか破壊的であるが、推進力になりうる。

活動領域

年齢	0	10	20	30	40	50	60	70	80	90	100
最高											
良好											
普通											
下降											
最悪											

　　グラフを作成する

1. キミの人生で、10年毎に区切って、現在までの活動の質のレベルを考える。一つの区切りからその次へと、線を引く（その線は上向き、下向き、水平、或は変化がある）、それは現在で終わる。キミのコンピュータで、その線は書き入れられる。その線は、自分の生まれた時から現在までの活動を評価する。現在での、その線の方向に注意しよう。キミの活動の満足度を指し示すものである。

2. 現在から始めて、次の局面に渡る活動について、一番起こって欲しいか、楽天的な予測を表す線を書く。

3. 現在から始めて、次の局面に渡る活動について、一番起こって欲しくないか、悲観的な予測を表す線を書く。

キミの活動について、現在の満足度は？

何を変えたいか。

変化を起こさせるのに何をしければならないか。

財政領域

財政の領域にはキミの収入、支出、財産、負債、投資、保険、税金、クレジットカードと財政について、それに関する責任や機会ついて考える時間が含まれる。

財政領域

年齢	0	10	20	30	40	50	60	70	80	90	100
最高											
良好											
普通											
下降											
最悪											

グラフを作成する

1. キミの人生で、10年毎に区切って、現在までの財政の質のレベルを考える。一つの区切りからその次へと、線を引く（その線は上向き、下向き、水平、或は変化がある）、それは現在で終わる。キミのコンピュータで、その線は書き入れられる。その線は、自分の生まれた時から現在までの財政を評価する。現在での、その線の方向に注意しよう。キミの財政の満足度を指し示すものである。

2. 現在から始めて、次の局面に渡る財政について、一番起こって欲しいか、楽天的な予測を表す線を書く。

3. 現在から始めて、次の局面に渡る財政について、一番起こって欲しくないか、悲観的な予測を表す線を書く。

キミの財政について、現在の満足度は？

何を変えたいか。

変化を起こさせるのに何をしければならないか。

健康領域

健康領域には、キミの肉体的、情緒的そして精神的な健康に関係する全てが含まれる。例えば、健康状態或は病気、投薬治療、食事、運動、治療や介護等だ。

健康領域

年齢	0	10	20	30	40	50	60	70	80	90	100
最高											
良好											
普通											
下降											
最悪											

グラフを作成する

1. キミの人生で、10年毎に区切って、現在までの健康の質のレベルを考える。一つの区切りからその次へと、線を引く（その線は上向き、下向き、水平、或は変化がある）、それは現在で終わる。キミのコンピュータで、その線は書き入れられる。その線は、自分の生まれた時から現在までの健康を評価する。現在での、その線の方向に注意しよう。キミの健康の満足度を指し示すものである。

2. 現在から始めて、次の局面に渡る健康について、一番起こって欲しいか、楽天的な予測を表す線を書く。

3. 現在から始めて、次の局面に渡る健康について、一番起こって欲しくないか、悲観的な予測を表す線を書く。

キミの健康について、現在の満足度は？

何を変えたいか。

変化を起こさせるのに何をしければならないか。

住居の領域

　住居の領域には、キミの家、キミが住んでいる近隣や地域社会、国（政治と経済システムを含む）、世界に於けるキミの居住地域の気候等を含む。もしキミが介護施設に住んでいる（或は、住むことを予測）のなら、それも住居の領域の一部である。

住居の領域

年齢	0	10	20	30	40	50	60	70	80	90	100
最高											
良好											
普通											
下降											
最悪											

グラフを作成する

1. キミの人生で、10年毎に区切って、現在までの住居の質のレベルを考える。一つの区切りからその次へと、線を引く（その線は上向き、下向き、水平、或は変化がある）、それは現在で終わる。キミのコンピュータで、その線は書き入れられる。その線は、自分の生まれた時から現在までの住居を評価する。現在での、その線の方向に注意しよう。キミの住居の満足度を指し示すものである。

2. 現在から始めて、次の局面に渡る住居について、一番起こって欲しいか、楽天的な予測を表す線を書く。

3. 現在から始めて、次の局面に渡る住居について、一番起こって欲しくないか、悲観的な予測を表す線を書く。

キミの住居領域に於ける現在の満足度のレベルは？

キミは何を変えたいか。

変えるためには、キミは何をすべきか。

社会関係の領域

社会関係の領域には、先ず、家族や極親しい友達、それから拡大した友人、同僚、指導者、地域社会等が含まれる。社会学やその他の専門領域ではよくこれらの社会関係を説明するのに入れ子ループを使う。

社会関係の領域

年齢	0	10	20	30	40	50	60	70	80	90	100
最高											
良好											
普通											
下降											
最悪											

グラフを作成する

1. キミの人生で、10年毎に区切って、現在までの社会関係の質のレベルを考える。一つの区切りからその次へと、線を引く（その線は上向き、下向き、水平、或は変化がある）、それは現在で終わる。キミのコンピュータで、その線は書き入れられる。その線は、自分の生まれた時から現在までの社会関係を評価する。現在での、その線の方向に注意しよう。キミの社会関係の満足度を指し示すものである。

2. 現在から始めて、次の局面に渡る社会関係について、一番起こって欲しいか、楽天的な予測を表す線を書く。

3. 現在から始めて、次の局面に渡る住居について、一番起こって欲しくないか、悲観的な予測を表す線を書く。

キミの社会関係の領域に於ける現在の満足度のレベルは？

キミは何を変えたいか。

変えるためには、キミは何をすべきか。

移動手段の領域

移動手段の領域には、移動手段の全て、歩く、自転車、車いす、車、タクシー、バス、ボート、飛行機等その他の移動手段が含まれる。

移動手段の領域

年齢	0	10	20	30	40	50	60	70	80	90	100
最高											
良好											
普通											
下降											
最悪											

グラフを作成する

1. キミの人生で、10年毎に区切って、現在までの移動手段の質のレベルを考える。一つの区切りからその次へと、線を引く（その線は上向き、下向き、水平、或は変化がある）、それは現在で終わる。キミのコンピュータで、その線は書き入れられる。その線は、自分の生まれた時から現在までの移動手段を評価する。現在での、その線の方向に注意しよう。キミの移動手段の満足度を指し示すものである。

2. 現在から始めて、次の局面に渡る移動手段について、一番起こって欲しいか、楽天的な予測を表す線を書く。

3. 現在から始めて、次の局面に渡る移動手段について、一番起こって欲しくないか、悲観的な予測を表す線を書く。

キミの移動手段の領域に於ける現在の満足度のレベルは？

キミは何を変えたいか。

変えるためには、キミは何をすべきか。

キミの人生における推進力

　キミの人生の各局面で、一つか二つの領域が重要な変化に影響するだろう。下の表は人生の各局面で、極普通に出てくる推進力を表している。これは単に兆しであって、出発点にすぎない。

各局面における普通の推進力

局面	推進力　1	推進力　2
幼年	社会−家族	活動−学び
幼少	社会−家族	活動−学校
思春期	社会−仲間 独立	活動−学校、スポーツ
若年成人	活動−学校、キャリアー	社会
成年	社会−家族	活動−キャリアー
中年	活動−キャリアー	社会−家族 健康
自由な老年期	活動−退職	健康
害を受け易い老年期	健康−下り阪	社会−家族か 住居−介護施設
介護が必要な老年期	健康−下り阪	社会−家族か 住居−介護施設
終末	健康−末期	社会−家族か 住居−介護施設

　キミが来るべき次の局面について、前向きに考えるとき、どの領域或はどの推進力が優勢になるだろうか。どの力がキミの人生に変化をもたらすだろうか。どの領域、どんな力が、次の局面で優勢になるだろうか。２、３具体的に考えてみよう。

優勢な力　（領域）1	
優勢な力　（領域）2	
優勢な力　（領域）3	

24

身の回りをスキャンしてみて、
STEEP の力を考える

　キミの身の回りで起こる、近隣、国家の経済のみならず社会的な或は技術に関する変化の認識は、キミの戦略や行動計画案に含まれなければならない。言い換えれば、例えば、キミの近隣の将来計画について知っておくことなのだ。何故なら、その計画はキミの家族や不動産に、良きにつけ悪しきにつけ、影響を与えるものだから。又、法律や規制を書き換える動きや活動に注意しておくことだ、それはキミに影響するかもしれないのだ。

　多くの未来研究者は、外から来る力を改めて思い出すために「STEEP」の力を考える。即ち、

Social	社会的な力
Technological	技術的な力
Economic	経済的な力
Ecologic	環境に関する力
Political	政治的な力

　この内、どの力がキミの人生の次の 10 年間に強い影響力を持つだろうかと考えてみるのだ。

　ワークシートでは、これらの力と一つ一つの力がキミに、地域的に、国家的に、加えて国際的にどう関わってくるか考えてみよう。

STEEP スキャニング・ワークシート

	世界	国家	地域
社会			
技術			
経済			
環境			
政治			

人生の出来事 (第7章)

人生の出来事は言葉通り我々の人生で起こることだ。ある事件は、他のことより重要であり、又ある事件は（例えば、転機に関わる事件）実際にキミの人生の方向を変えるものになるかもしれない。結婚、離婚、子供の誕生、それから退職等は転機に関わる出来事である。他の出来事で、誕生日、何々記念日等はあまり力の無い、単に通過儀礼なのかもしれない。キミの人生で、未来の事件を考えると、注意すべきことはこれから起こるかもしれないこととその影響力なのだ。

もしある事件が、起こるか起こらないかに拘らず、影響力が全くないとすれば、それに対する準備は要らない。高い確率で起こりうるそして強い影響力のあるものであれば、それに対する準備をし、計画を立てなければならないだろう。あまり起こりそうにないが、強い影響力を持つものを「ワイルドカード」不確定要素と呼んで、そのために、キミは不測対応計画案を作っておいた方がいいだろう。

	個人の未来についての思慮	例
何時	それは何時起こりそうか	何歳か局面は？
タイプ	どんなタイプの事件か 　転機に関わる 　生理的なこと 　法律に関すること 　意図的なこと／選択 　意図しない 　その他	結婚、子供、離婚 成長、思春期、更年期 選挙権、退職年 結婚、子供、離婚 家族か友人の死 事故、失業 記念日
影響力	その事件の影響力は何か	その重大さは何か 肉体的、情緒的、財政？

起こる可能性	その事件が起こる可能性は？	生きている間に？ 何か特別な時？ 期間は？
領域	その事件はどの領域で起こるだろうか 　　　活動 　　　財政 　　　健康 　　　住居 　　　社会 　　　交通手段	 教育の終了、キャリアーの始点 退職用の貯金か投資 健康維持のため運動する 引っ越し 子供の誕生 運転準備

　前頁の表を見てみると、出来事の幾つかは予知できることなのは自明のことだ。既にそのことを経験した人の経験に基づいて、我々は可成り確実に起こるだろうと思える。多くの事件について、予測することも可能だ、ある程度まで、時とか、起こりそうも無いとか、影響力とか。局面と個人の領域を比べた時、この出来事に関する見方は未来について三番目の展望を可能にしてくれる。後に、これら三つの見方（局面、領域と出来事）を、キミの未来に対する理解を要約する形で纏めてみよう。

限定された局面でよく起こる出来事
　次の頁には人生でよくある出来事と、その出来事が起こりうる人生の局面の一覧表がある。

普通の人生の出来事の例

局面	普通の出来事	強い影響力のある出来事
幼年	学び、歩行、話す ちょっとした病気	重病
幼少	学校 成長 ちょっとした傷や病気	重病 いじめ 両親の離婚
思春期	義務教育の終了 思春期、情緒、セックス 身体の成長 自動車に乗り始める（バイクを含む） 危険な行動	事故–大怪我 逮捕 妊娠 両親の離婚 両親か友人の死
若年成人	高等教育の終了 キャリアーの始まり 自分の住居に住む 結婚 初めての子	事故 子供の事故や病気 失業
成年	キャリアープレッシャー 　　昇進 家族の面倒を見る 終わりの子	財政のプレッシャー 離婚 失業
中年	閉経–子供は生めない 老化の兆し 空になった‘巣’ 孫たち 両親の退職 収入の上限、節約	重大か慢性の病気–自分 　　か伴侶か 両親の病気か死 犯罪の犠牲 失業 離婚

自由な老年期	退職可能 年金、医療保険 仕事か退職か 自由な時間 ひ孫 老化現象の増加 引っ越し、新しい友人 旅行 子供たちに生活に起こる 　問題	退職 変化する役割と社会 重病−自分か伴侶か 伴侶の死 介護する 運転の停止
害を受け易い老年期	健康−下り阪 認知障害 倒れる危険性 犠牲−詐欺・犯罪	転倒、怪我 介護が必要な生活
介護が必要な老年期	活動の減少 医療の増加 社会関係の減少	介護が必要 健康維持が困難 老人ホーム
終末	活動と社会関係の減少 医療の増加 別れ	終末診療 ホスピス

人生の出来事ワークシート

このワークシートを使って、キミの人生で、計画案を作成しようとする人生の局面で予測する出来事の一覧表を作る。出来事のヒントとして領域欄に記されている力を使ってみる。

領域と関連する力	キミの人生で高い蓋然性、強い影響力のある出来事	強い影響力－子供、両親、その他	不確かな出来事
活動 学校、訓練、キャリアー、仕事、スポーツ、趣味、信仰活動			
財政 収入、投資 支出、負債			
健康 状態 治療 介護			
住居 家 地域社会 国 地域			
社会 家族 友人 地域社会			
移動手段 移動 個人的、車 公共			

例： 人生の出来事ワークシート―若年成人

領域と関連する力	高い蓋然性、強い影響力のある出来事	強い影響力-子供、両親、その他	不確かな出来事
活動 学校、訓練、キャリアー、仕事、スポーツ、趣味、信仰活動	学校教育を終える キャリアーを始める 昇進	両親は中年に 多くの変化 幼児	昇進 首になる
財政 収入、投資 支出、負債	自分の収入を得る 両親からの援助の終わり 財産管理-車、家 多額の負債	両親の援助は 無い 二つの収入	ボーナス 損失
健康 状態 治療 介護	妊娠 怪我か重病	祖父母／両親 の病気	重大な病気 犯罪 犠牲
住居 家 地域社会 国 地域	引っ越し 初めてのアパート 初めての家	引っ越し／両 親から離れる	転勤-東京 へ、海外へ
社会 家族 友人 地域社会	結婚 一番目の子供 結婚の問題 仕事／家庭の葛藤	両親の離婚 伴侶の仕事 祖父母の健康 問題	双子
移動手段 移動 個人的、車 公共	中古車 高い維持費 交通違反 最初の新車 自動車事故	家族の怪我	家をオフィス に 長距離通勤

個人的な価値観ワークシート (第8章)

　価値観-キミにとって大事なものは何か。このワークシートはキミの価値観を比べ、順序づけることに役立つ。ランクの欄では、キミに取って一番大事なものを選び、一の番号を入れる。それから、二番、三番とリストの終わりまで番号を入れる。未来の参考までに、右端のランクの欄には通し番号を入れる。

価値観	ランク	キミにとって大事な順に入れる	ランク
キャリアー			1
仕事の関係			2
評価されること			3
権力或は影響力			4
収入			5
財政的な安定			6
正味財産			7
家族			8
家族の活動			9
個人的／家族のイメージ			10
倫理観／行動の主義			11
信仰			12
独立			13
他者への貢献			14
挑戦／危険			15
地理的位置			16
健康			17
			18
			19
			20

例：若年成人のための価値観のワークシート

価値観	ランク	キミにとって大事な順に入れる	ランク
キャリアー	3	家族	1
仕事の関係		友人	2
評価されること	5	教育／キャリアー	3
権力或は影響力	9	収入	4
収入	4	評価	5
財政的な安定		個人的なイメージ	6
正味財産	8	地域‐東京	7
家族	1	正味財産	8
家族の活動		影響	9
個人的／家族のイメージ	6	倫理	10
倫理観／行動の主義	10	独立	11
信仰			12
独立	11		13
他者への貢献			14
挑戦／危険			15
地理的位置	7		16
教育	3		17
友人	2		18
			19
			20

例：自由な老年期のための価値観のワークシート

価値観	ランク	キミにとって大事な順に入れる	ランク
キャリアー		家族	1
仕事の関係		友人	2
評価		教育／キャリアー	3
権力或は影響力		収入	4
収入	5	評価	5
財政的な安定	4	個人的なイメージ	6
正味財産		地域−東京	7
家族	1	正味財産	8
家族の活動	8	影響	9
個人的／家族のイメージ		倫理	10
倫理観／行動の主義	7	独立	11
信仰			12
独立	3		13
他者への貢献	9		14
挑戦／危険			15
地理的位置	6		16
健康	2		17
			18
			19
			20

　二つの例を比べて、価値観は違った人生の局面でどう変わるかに気づいて欲しい。

S. 強さ、W. 弱さ、O. 機会と T. 脅威 (第9章)

!このやり方は通常「SWOT」と言われ、自分の強さと弱さについての簡単な自己分析から始める。キミの性格分析だ。

SWOT ワークシート

強さと弱さ

内的	強さ（知識、能力、技能、経験）	弱さ（知識、能力、技能）
活動		
財政		
健康		
住居		
社会		
移動手段		

例：強さと弱さのワークシート

内的	強さ（知識、能力、技能、経験）	弱さ（知識、能力、技能）
活動 （学校、キャリアー、スポーツ、信仰）	良い教育 トレーニング、経験 スポーツ 書く、話す、コンピュータ	数学 芸術 日本語だけ
財政	良い収入 クレジット―良い 　　使用歴 適切な保険	巨額な住宅ローン クレジットカード借金 高い税金 不適切な退職 基金
健康	良好な健康状態 いい身体の状態	年を取る 遺伝によるガン
住居	良い家 良い近隣	巨額な住宅ローン 高額な維持費
社会	親密な思いやりのある家 　　族 いい印象、社交的 評判はいい	良くないネットワーク あまり社交的でない
移動手段	車は2台 短い通勤距離	良くない公共交通 飛行機恐怖症

　機会と脅威のワークシートは、キミが自分の周りに存在する機会や脅威として認知することを客観的に分析する方法を示す。

機会

外的機会	グローバル	国家レベル	地域
社会			
技術			
経済			
環境			
政治			

脅威

外的脅威	グローバル	国家レベル	地域
社会			
技術			
経済			
環境			
政治			

例：機会と脅威のワークシート

機会

外的機会	グローバル	国家レベル	地域
社会	世界的な健康管理の改善 人口増加の減速	雇用創出	地域社会への参加
技術	簡単になるコミュ 　ニケーション 情報の入手可能 太陽光や風力利用 　の増加	ナノテク／医療 幹細胞治療 予防医学	家庭発電機（太陽 　光・風力） 予防医学
経済	国際市場の拡大 グローバルな相互 　依存の拡大	経済成長 雇用の創出	家の値段の上昇 投資の機会
環境	バランスのとれた環境に 敏感	地球環境に悪影響 　削減の努力	より安全な水と下 　水道完備
政治	闘争の縮小	透明性の向上 情報公開の増加	大衆と有権者の意 　識改革

脅威

外的脅威	グローバル	国家レベル	地域
社会	戦争 飢餓 失業	流感 麻薬中毒	移民 暴力団問題 失業
技術	核兵器 宇宙兵器	公害	新技術は仕事の現 　場で収得が必要
経済	不景気 保護主義 資源枯渇	増税 インフレ 不況	増税 失業
環境	温暖化 水不足	温暖化対策 石炭や石油依存の 　継続	台風 地震 洪水
政治	武力戦争 貿易摩擦	過度な規制 不適切な規則	居住区割り 街路整備

未来の車輪 （第9章）

　未来の車輪は未来研究者が使う道具の一つだ。「マインドマップ」とも呼ばれ、下の例のように、すごく簡単だ。未来の車輪はもっとレベルが上がると複雑になる。これは「ブレインストーミング」に有効で、一人でしてもグループでしても役に立つ。紙、白板かコンピュータに書いてみる。

　先ず、簡単な質問か問題で始め、そこから、関連する考え、効果や影響力のようなものへと発展させて行く。

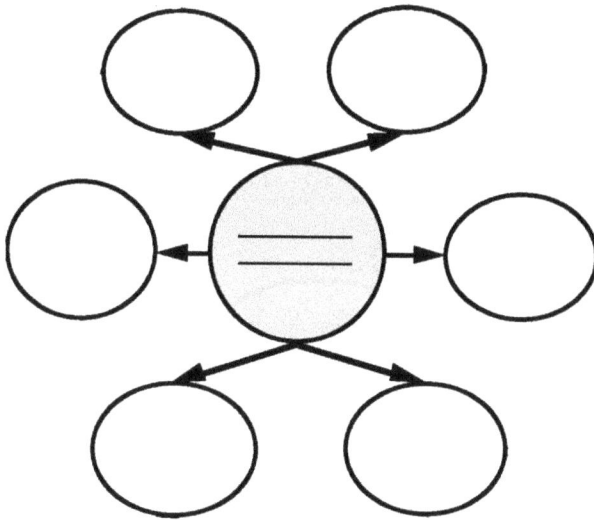

　基本的な未来の車輪で、初期の影響力を表している。

未来の車輪の例：キミの考えで始め、それを六つの領域に発展させる。

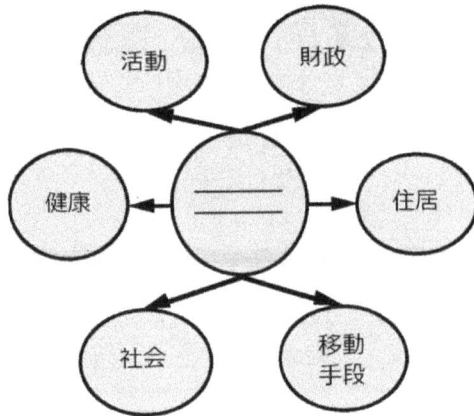

六つの領域を書き入れた、第一段階の個人の未来の車輪。

キミが最も重要と考えている疑問とか考え方に関わる第一段階の車輪にたいする直結する影響力から、さらに、その考え方や影響力への第二段階の車輪を描く。

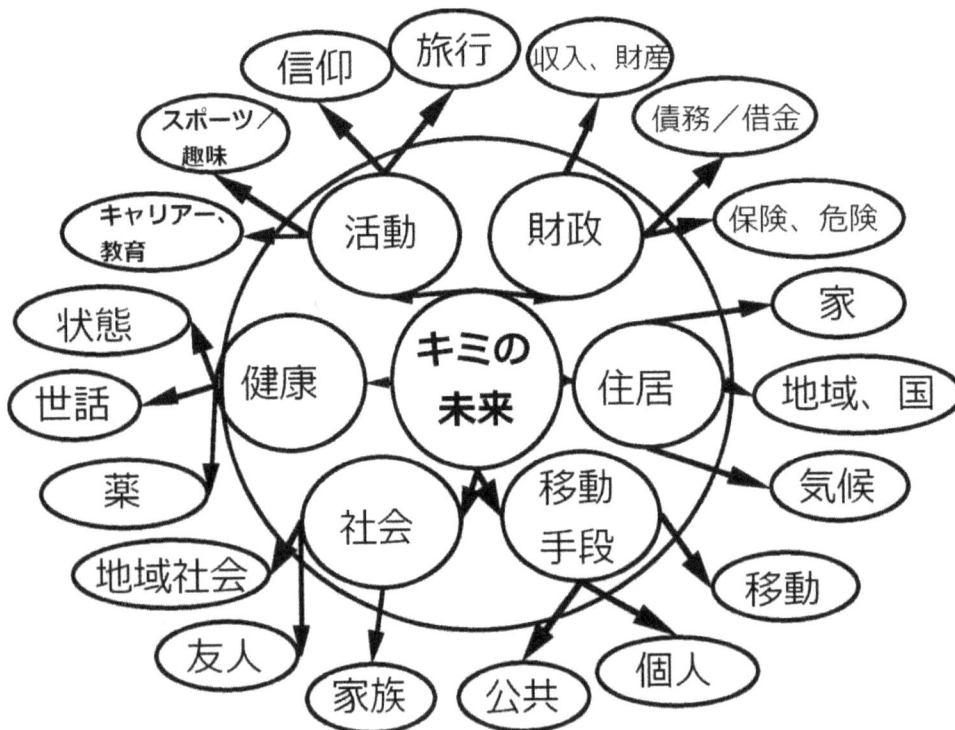

影響力を第二段階まで拡大した個人的な未来の車輪。

次は、影響力を第三段階まで拡大したもので、紙や白板に書いていると少々見苦しくなるが、しかし、結構効果はある。

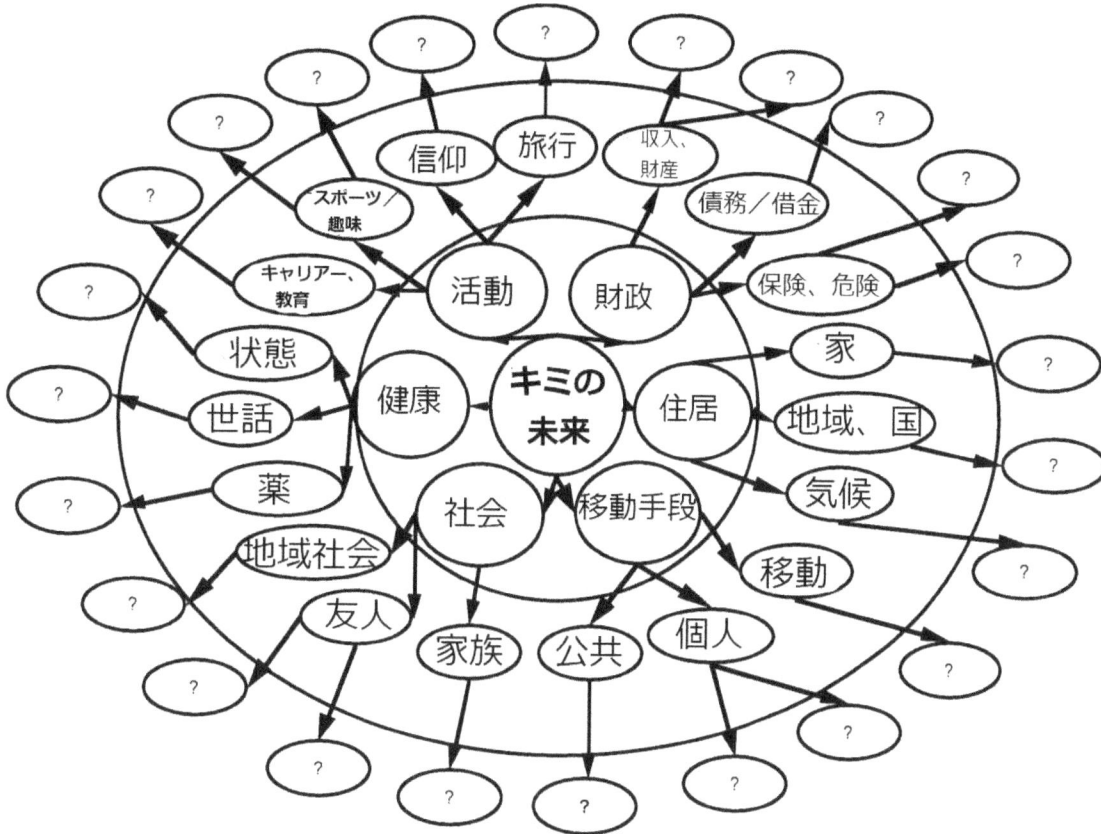

影響力が第三段階まで拡大された未来の車輪。

未来の車輪は極めて用途が広く、考えを纏めるのに役立つし、未来について考えるだけでも有効だし、他のアイデイアにも使えるのだ。学校や職場のグループに話す機会があれば、未来の車輪は情報を集めたり、ブレインストーミングにはすごくいいアイデイアなのだ。必要なものと行ったら空白と書く道具があれば良いのだ。

セクション　II

シナリオで、キミの未来を探査する（第10. 11. 12. 13章）

四つのシナリオ用のワークシート

　キミがすでに作り上げたワークシートの情報から、次の頁のシナリオワークシートのシナリオ枠に相応しい出来事を書き入れてみる。

　現在のシナリオの継続は、もし大きな変化が無く変化を求める行動を起こさないのなら、起こりうる未来についてのキミの評価に依存している。

　個人の領域の項でキミが作成したグラフを参考に、そして各グラフの未来に対して延ばした二つのラインを思い出して、各領域に関するトップラインは最高の起こりうるシナリオの基礎になる。下の線は最悪の起こりうるシナリオになる。

　不確定要素についてのシナリオは起こりうる事件を含むが、この時点でキミが自分の未来を見る限り可能ではない。

　又、個人の領域に関する章から、キミがこの局面において変化をもたらす有力な力になると思われる二つの領域（推進力）を思い出して欲しい。ワークシートに書き入れながら、キミが構築しているシナリオで、この二つの領域の中で、出来事がどう変わるかと考えて欲しい。

　例えば、キミの人生の段階で、優勢な領域が活動領域であれば、特に、キミのキャリアーであれば、それは積極的なシナリオとそうでないものとの間で、どう変わるだろうか。積極的なシナリオでは、自分のキャリアーで大きな成功をもたらす、消極的なものであれば、キミは苦しむし仕事を失うかもしれない。

現在のシナリオの継続

力と要因	予測される強い影響力、起こる可能性の高い出来事
活動	
財政	
健康	
住居	
社会	
移動手段	
ゴール、計画案や価値観	

不確かな出来事を考えたシナリオ

力と要因	予測される強い影響力、起こる可能性の高い出来事プラス一つかそれ以上の起こる可能性が低いが強い影響力のある出来事
活動	
財政	
健康	
住居	
社会	
移動手段	
ゴール、計画案や価値観	

熱望するシナリオ

力と要因	予測される強い影響力、起こる可能性の高い出来事プラス動機のある、意図的な変化
活動	
財政	
健康	
住居	
社会	
移動手段	
ゴール、計画案や価値観	

不確かな出来事を考えたシナリオ

力と要因	予測される強い影響力、起こる可能性の高い出来事プラス――一つかそれ以上の起こる可能性が低いが強い影響力のある出来事
活動	
財政	
健康	
住居	
社会	
移動手段	
ゴール、計画案や価値観	

起こりうる最悪のシナリオ

力と要因	予測される強い影響力、起こる可能性の高い出来事プラス望ましくない力の働き
活動	
財政	
健康	
住居	
社会	
移動手段	
ゴール、計画案や価値観	

51

例：若年成人のための四つのシナリオワークシート

力と要因	現在のシナリオの継続	起こりうる最高のシナリオ	不確定要素を考えたシナリオ（否定的）	起こりうる最悪のシナリオ
活動	卒業：いい成績と良い推薦状	優秀な成績、いい推薦状	仕事が見つからないパートタイム	卒業はしたけれど、優秀でもなければ推薦状も貰えない
財政	普通の収入 利益を得る 借金は少なく −貯金と予備資金がある	良い収入 貯金有り 借金無し 財政的な問題は無し	少ない収入 貯金無しで何も出来ない クレジット無し 健康保険無し 大学教育ローンの返済	少ない初任給 利益無し 多大の借金
健康	良好	良好 身体を鍛える 健康診断	疲れ過ぎて、身体を鍛えるのは無理	危険な仕事、環境
住居	住宅地に自宅を持つ	ニューヨークへ移動、自分のマンションを持つ	両親と同居	住宅地にある普通のアパート
社会	両親や家族と親密 高校か大学の友達と結婚 子供は二人 皆健康	多くの新しい友人 いい人に巡り会い、２７歳で結婚 最初の子供 祖父母−幸せ もう一人子供を望む	両親と同居 あまり友人はいない デートする金がない	家族は勇気づけてくれる 古い友人と会ったりする

移動手段	家族用のヴァン 自分用に古いスポーツカー	会社の車と便利な交通機関	古い車	公共交通
ゴール、計画と価値観	事業を10年以内に立ち上げる 子供には良い教育 子供一緒に遊ぶ	会社の仕事で昇進の機会を待つ一家族と一緒にいる時間を持つ もっと大きい家やマンションの購入に備える	良い仕事見つける キャリアーの道を見つける	一生懸命働き階段を上る 借金はしない 良い仲間を見つける

シナリオの作成 (第13章)

　ワークシートの各シナリオの部分に書き入れた情報から、キミの人生の未来の局面についてのストーリーを書いてみる。時間をかけて、想像力を働かせて、つじつまが合うよう、それぞれのストーリーを書いてみる。覚えておいて欲しいのは、このワークブックでしていることは未来について学習したものを活かして、推測しているのであるということを。ストーリーを創造することによって、キミのシナリオの色々な要素が相互に働き何が起こらなければならないかを理解し易くしているということなのだ。

　未来には、どのシナリオが見えてくるか、示してくれる前兆が見えてくるはずだ。そうすれば、その変化に対して調整し、準備する時間が取れるはずだ。

シナリオ　I　現在のシナリオの継続

シナリオ　II　起こりうる最高のシナリオ

シナリオ　III　　熱望する又は不確定要素を考えたシナリオ

シナリオ　IV　　　起こりうる最悪のシナリオ

例

　今ニューヨークでは、もう春も終わりだ。季節は丁度僕が６年前に大学を出た時と同じなのだ…良い時だった。家内は３歳の娘と僕の誕生日のお祝いを計画していた。というのは、娘は、僕の２７歳の誕生日の二日後に生まれていたのだ。２歳の男の子を加えて、丁度四人でピッツァを公園で食べるのだ。

　この十年は信じられないくらいのものだった。卒業してから、修士号を貰って、本当に順調に来た。学位、推薦状、最高のインターンシプと共に。でも、景気は最低だったので、自分の専門に会う仕事は全く無かった。何ヶ月も履歴書を送り続けて、なしのつぶて、僕は滅入っていた。そんな時、聞いた事も無いようなニューヨークの小さな会社からの電話があった。電話で一時間も話して、又、電話するということになった。そして、ニューヨークで面接したいということで、切符を送って来た。給料は安かったけれど、良い機会だった。それで承諾した。

　帰宅して引っ越しの準備をしながら、ガールフレンドに電話して、結婚して、ニューヨークへ付いて来て欲しいと頼んだ。彼女は OK してくれたのだ！セントラルパークの近くにアパートを借りて、通勤し始めた。仕事に専念した。それは本当にためになった。ニューヨークに住むには金がかかる、二人で働いてもそうだ。でも、ここに住むのは本当に楽しい。僕はちょっと昇進して、実際少し貯金出るようになった。在学中に借りたローンは返済し、今は自分たちの家を買おうと考えているが、まだ、借りているほうが良いと思っている。車は持っていないが、その方が現実的だし、タクシー、バスや地下鉄に乗る方が安い。

　３０歳になって、次の局面について新しい計画を立てなければならない―四人のために。

セクション　III

キミの未来を創る―

自分が生きたい未来を

(第14．15．16．17章)

　戦略的な計画案は、文字通り、キミがビジョンとして描いた未来を実現するための戦略に基づいた計画案なのだ。

　戦略に従った計画を立てるということは、先ず、キミはどんな未来を望むかを決めなければならない。キミの人生で、次の10年間の間に実現したい未来について考えるならば、どんな未来が見え、或はビジョンとして持てるか。それが先ず、最初のステップだ。そう、未来のビジョンを持つこと、それが未来の行く末になるのだ。

　次に、キミが考えている局面で、起こりそうで強い影響力を持つ出来事につて熟慮しなければならない。この局面に付いて、キミは使命感を持っているか。本当に何かを実現しなければと思っているか。キミのビジョンに含まれていない欲求かゴールがあるのか。いまここで、すべてを書き出してみて、この時期に、自分が興味あることや考えていることを実現し、或はそれに取り組めるように準備する。

　三番目には、戦略的計画案を創る上で、キミのゴールや未来を実現するのに役立つ戦略を創造すると同時に、予測される強い影響力があり、起こるかもしれない出来事に対応するものでなければならない。

　四番目には、キミは毎年連続して取るべき行動を考えた、行動計画案を展開しなければならない。

　五番目には、キミはこの局面で起こるかもしれない不確定の出来事に対応するために不測対応の計画案を工夫しなければならない。それは起こりそうにないことで、強い影響のある出来事なのだ。しかし、一旦起これば、適切な不測対応の計画案があることになる。

　最後には、キミは自分が創った計画案を生きなければならない。キミの未来を実現す

　最後には、キミは自分が創った計画案を生きなければならない。キミの未来を実現するために選んだ戦略どおり行動するが、常に計画案、人生や周りの世界をチェックし続けなければならない。キミの計画案に影響するように何かが変わっただろうか。そうだとすれば、新しい状況に合うように計画案を調整しなければならない。キミの戦略的計画案は使える道具の一つに過ぎない。キミが望む未来を実現するために、その一助として使うと良い。

キミの未来のビジョン（第１５章）

　未来に自分の人生がどうなって欲しいか、そのイメージを書いた文章を考えて欲しい。ここで強調したいのは、キミが求める、どちらかと言えばこうあって欲しいと願う未来のことだ。未来のビジョンと言えば多くの意味があり得る。戦略的計画案を練っている組織にすれば、未来のある時点、普通は10年から２０年先における組織のイメージなのだ。キミが人生の色々な局面を見てみて、その局面のイメージを構築する、そして、その次の局面を理解するよう心がけるのだ。それで、今、キミは未来のビジョンを創るよう要請されているのだが、それは次の局面のことなのか、人生全体のことなのか。答えは、その両者だ。

　計画案を思案している今、キミは自分の人生の次の局面について明確なビジョンが描けなければならない。が、人生全体についてはどうなのか。まだ手つかずのところは気持ちだ。何が人生でキミを幸せにするのか。何で充実感を味わい、満足感をあたえるのか。達成感か。次のワークシートを使って、未来のビジョンを纏めてみよう。

未来のビジョンワークシート

ワークシート	この局面の各領域におけるキミのビジョン
活動 キミは何がしたいか。 教育、キャリアー、旅行、 スポーツ、信仰	
財政 財政的に何が大切か。 収入、純資産、保険？ 土地？	
健康 キミは自分の健康をど う 　見ているか。 どんなケアが必要か。	
住居 どこに住むか。	
社会 キミは誰と親しいか。 どんなグループが大切 か。	
移動手段 どのような手段で動く か。	

今ここで、自問して見る。価値観について。キミの人生で、何が、誰が本当に大切なのか。家族？　キャリアー？　富？　倫理？　知識？

　今この局面で何を実現したいのか。昇進？　家族を育てる？　子供の教育？　旅行？貯める？　世界を変える？

　これらの事について、望ましい人生との関連において、全てを一つの文章に纏めてみる。多くても二つの文章に。こうして書かれたビジョンはキミに方向性を与えるはずだし、キミの行く先や成就したいものを明確にしてくれる、そして、関連して、キミが避けたいことを示してくれる。

　キミの人生の次の局面に対するビジョンを創るには、その局面の終わりに自分の人生が何処にあるかについて心のビジョンから始めたら良い。一つ一つの領域を熟慮し、そのすべてを一つのイメージに集約するのだ。

　次の局面の終わりに自分の人生が何処に持って行きたいか、そのビジョンについて、一つの文章で書いてみる。

　ここでもう一歩先へ進もう。未来に向かって残りの人生で、更にその先の局面で、何を望むか。長生きしたいか。病気の無い人生か。家族がいたわり合う人生か。退職したら何が大事なことになるだろうか。終末ではどうだろう。

例：個人的な未来のビジョン

　親密で思いやりある家族と共に、生涯、仕事と近隣と関わり続け、健康で、可成り良い生活を楽しむ。１００歳を超えてもなお元気で！　人生が終わる時には、痛みが無く、家族にとって悲しみや困難さのないように。

キミのビジョンを成就するための戦略

(第16章)

　キミのビジョンを成就するための戦略を考える。今までのシナリオをお思い返して、起こるかもしれない未来に対応するために戦略を練る。

　起こりうるシナリオが、全てのことがうまく行かない否定的で、最悪のシナリオの場合は、その未来を防ぎ、避け或は対応する戦略を工夫する。「もし…そしたら」と問うような戦略だ。「もしこのことが起これば、自分の戦略は…」。

　戦略というのは、ある状況に対処したり、それを実現したりする当たり前のアプローチであったり、テクニックであったりする。戦略を遂行するための詳細な計画は、後で、キミの行動計画案で扱う。例えば、キャリアーの途中で、キミが困難な立場にいるならば、会社を変えるか、或は、もっと言えば、仕事を変えるのが良いかもしれない。仕事を変えるには、新しい訓練を受けるか、また新しい資格を得るために学校に帰らなければならない。

　長期にわたってキミの健康を良くしたり或は維持したりする戦略は食事の内容を変えたり、運動を増やしたり、煙草をやめたり、或はその他の生活習慣を変えたりすることが含まれる可能性がある。住居に関しては、子供が大きくなり家を離れれば、小さくするとか、或は、違った気候の土地に移り住むことも視野に入ってくるかもしれない。

未来に対するキミの戦略

戦略は何かをする一つの方法である。将棋は戦略のゲームであり、最善の戦略は、恐らく、勝つためのものだろう。キミは自分の未来のビジョンを成就するために、そして、起こりうる未来の出来事に対応するために、戦略を模索している。だから、キミのビジョンを成就するために最善の戦略を考案するのにどうしたらいいか考えてみるのだ。

領域	ゴール、任務やビジョンを実現するための戦略計画案	起こりうる出来事の影響力を軽減するか避けるための戦略計画案
活動		
財政		
健康		
住居		
社会		
移動手段		

　各領域におけるキミの戦略を熟慮する。特に強い影響力のある出来事、起こ
る可能性が高い出来事について。キミは更に（もう一枚の紙に）、強い影響力があるが起こる
可能性の低い出来事に付いて不測対応の計画案を展開する必要があるだろう。

例：未来のワークシート―若年成人

領域	ゴール、任務やビジョンを実現するための戦略計画案	起こりうる出来事の影響力を軽減するか避けるための戦略計画案
活動	成績平均点を上げる、成績優秀、推薦状を貰う インターンシップで良い所を目指す 行きたい所を探す―最善の所	４０年以上のキャリアーを考えたペース。燃え尽き症状群に陥らない 身を入れすぎない
財政	大学時代の借金を 些少限度に留める クレジットの保証を守る 貯金を始める 収入を最大限増やす 健康保険に入る	大学時代の借金を少なくするために節約する 新しい借金は避ける クレジットカードによる借金はしないように
健康	最高のレベルに維持する 怪我や病気をしないように	危険な習慣は避ける
住居	ニューヨーク市で雇ってくれる人を捜す 家族のための最適な家を探す	危険な近隣、地域や国は避ける
社会	緊密な関係を維持する パートナーになれる人と結婚する 子供はいい学校へ	近隣付き合いに深入りしない 立身出世をしようとしない
移動手段	故障の無い、まかなえる範囲 仕事や学校にそう遠くない	10 年位乗れる車

キミの未来に対する行動計画案

(第17章)

　今やキミは計画案を行動に移すべきだ。今日から、向こう十年間に、望ましい未来を実現するためにどんな行動をとるべきか。どんな継続が最適なのだろうか。

　これら一連の行動でキミの未来を変えることが出来るのだ。行動するまで、計画案のなにもキミの未来を変えられない。これはキミの戦略的計画案の最重要書類なのだ。キミは計画案を修正したり、或は、進めながら、変更したり出来るし、又そうすべきなのだ。何故なら、キミの人生で起こる出来事は計画案通りには進展しないから。だから、柔軟な気持ちで、キミが望む未来に向かって努力し続けるのだ。

年	実行 活動−財政−健康−住居−社会−移動手段
２０１４	
２０１５	
２０１６	
２０１７	
２０１８	
２０１９	
２０２０	
２０２１	
２０２２	
２０２３	
２０２４	
２０２５	
２０２６	
２０２７	

例：キミの未来に対する行動計画案ワークシート

年	実行 活動-財政-健康-住居-社会-移動手段
２０１３	年齢２０歳　これまでのことは問題なくこなして来た 大学３年生から始める
２０１４	３年目を終了 ４年目へ
２０１５	２２歳　大学院へ応募-受験-奨学資金に応募 修士課程を始める―ネットワークの構築 就職先を検索-インターンシップに応募
２０１６	２３歳　インターンシップ 就職研究 履歴書の作成、推薦状をもらう
２０１７	２４歳　履歴書を送る　　　　　　　　　面接 ジョブフェアーに参加　ネットワーク　就職決定！ 修士課程を修了！　　　　　　　　　　アパートを探す
２０１８	２５歳　ニューヨークへ引っ越す 気に入った女子に会う
２０１９	２６歳　しっかりとしたキャリアーを積むために集中 退職に向けて貯金を始める 住宅資金用の貯金-クレジットカードの管理に気をつける
２０２０	２７歳　家族生活の始まり？　近隣や学校を調査
２０２１	２８歳　大学時代の学費ローンの返済の終了-貯金と投資を 　　　　増やす 短期の負債無し ビジネスの動向を見る・不動産・気候の調査
２０２２	２９歳　キャリアーの状況を見る―国際経験 仕事を続行か転職か 家の購入-調査-仕事との関連を考える
２０２３	３０歳　健康検診 おじいさんが８０歳-緊密な関係 次の局面に対する準備を開始

逆進案

　逆進案ワークシートは未来から逆に現在に戻ってきながら考えるという道具である。やり遂げようと計画している人生の中のキミ自身を想像してみよう。その始点は、10年後の所にあるのだ。ビジョンを成し遂げたのだ！最後にしなければならなかったことは何だっただろうか。そして、その前は？

　このワークシートは未来のビジョンを実現するために、キミが取らなければならない一連の行動を発展させる一助になるだろう。

年	実行 活動-財政-健康-住居-社会-移動手段
２０２７	
２０２６	
２０２５	
２０２４	
２０２３	
２０２２	
２０２１	
２０２０	
２０１９	
２０１８	
２０１７	
２０１６	
２０１５	
２０１４	

計画案を分析する（第18章）

行動計画案を完成させると、見過ごしたものが無いか見直してみる必要がある。次に二つのワークシートを用意した。脆弱性分析とギャップ分析のものである。

脆弱性分析

最初は脆弱性の分析だ。どの出来事が起きたら人生がめちゃめちゃになるだろうかと自問する。失業か、重病になれば、そうなるかもしれないし、火事や、台風、竜巻、地震に遭遇すれば、取り返しがつかなくなるかもしれない。

どんな出来事が人生をめちゃめちゃにしてしまうだろうかと考えて、そういうことが起こらないように予防するかその出来事の影響力を軽減する方法を熟慮するのだ。出来事は次々と起こる可能性について、何処で一つの出来事が引き金になるか、どの出来事が他のことを誘発するかということを頭においておくことだ。（例えば、健康に恵まれなければ、仕事を失い、健康保険のことに繋がって行く。）

	陥り易い危機	危機軽減
活動		
財政		
健康		
住居		
社会		
移動手段		

例：若年成人の脆弱性分析

	陥り易い危機	危機軽減
活動	伴侶の失業 作家としてのキャリアーの 　失敗	収入を増やす 教壇に立つか、フルタイムの 　仕事に就く
財政	無収入、保険の解除	第二の収入と貯金 保険の選択
健康	自分や伴侶の重病や怪我	保険 良好な体調の維持
住居	地震、津波 野火 住宅ローンの負担	水辺から離れた土地 森林から離れた土地 まとまった頭金、固定金利 保険
社会	離婚 伴侶か家族の死	その他の交通手段 保険
移動手段		

ギャップ分析

　ギャップ分析はキミが達成したいと思うものと現実に成就出来るものとのギャップに気づかせてくれるのだ。ビジネスや組織について戦略的に計画しようとすると、未来に対する計画案はいいが、その全てに金を出すのは到底無理なことをしばしば発見する。このことは、個人についても同じことだ。各領域でギャップを探す。時間はあるか、金はあるか、人間関係は、交通手段とその他何でも良い、自分が打ち出したことを実現するのに何が必要なのかと探査する。問題があれば、それがギャップなのだ。キミはそのギャップを埋める方法を見つけなければならない。

　ギャップ分析ワークシートは、キミが自分の計画案にあるギャップを掘り起こし、それを埋める方法が見つかるような手助けになるだろう。

	計画案	起こりうる ギャップ	可能な解決
活動			
財政			
健康			
住居			
社会			
移動手段			

例：若年成人のギャップ分析

	計画案	起こりうる ギャップ	可能な解決
活動			
財政	大学院	授業料、書籍	結婚を遅らせる 両親援助希望
健康			
住居	大学院時代の住居	部屋代	結婚を遅らせる 両親負担 ドミトリー
社会	大学卒業後結婚	大学院時代は別居	大学院卒業まで結 婚を遅らせる
移動手段			

不測の出来事に対する計画案

(第19章)

　もしキミの不確定の事件について考えたものの一つが起きたらどうなるだろうか。或は、最悪の起こりうるシナリオは？　「もし... その時は」、そういう出来事に対応するように不測の出来事に対する計画案も助けになる。

不確定の出来事又は最悪の起こりうる出来事	戦略計画案（その出来事について、私は<u>どう対応するか</u>）	計画案（その出来事に対応するのにどんな<u>行動をとるか</u>）

　不確定或は最悪の起こりえる出来事にどう対応するか、一応のアプローチをはっきりさせておくためにこの戦略計画表を使う。最小に留めるか、最大にするか、儲けようとするか損失を回避するか。例えば、宝くじに当たれば、キミの戦略は、人に知られないようにして、賞金を守るために最大の安全策を取ると考えるかも知れない。計画案の表には、キミはその戦略計画の詳細を書き入れれば良い。例えば、もし健康を害して、そ

れが重大な脳梗塞とかアルツハイマー病とかであって、人の世話にならなければならないようになれば、一つのやり方は介護施設で世話になるか、老人ホームに入居することになるだろう。別の対応の仕方は施設に入居するのを避け、自宅で世話になるかであろう。

　こんな事件に付いて真剣に考えてみる。そんなことは起こらないかもしれないが、起これば、用意出来ているはずだ。

　例：若年成人のための不測対応計画案ワークシート

不確定の出来事	戦略	計画案
竜巻、集中豪雨、停電	食糧、水、ガソリン、寝具類、暖かい衣類の用意 懐中電灯、ロウソク、電池、ラジオ	家に留まる
台風、洪水	資料、書類、コンピュータを持ち出す	避難 保険
両親か孫−重病か死にかける	伴侶がケアー出来なければ別室の用意	出来れば老人ホームは避ける
双子か三つ子の誕生！	面倒が見れるようになるまで、お手伝いさんか看護婦の用意	楽しめ！
棚からぼたもち、遺産の相続など	慎重に投資	貯金
自国の戦争や内乱	観察して、家族を安全な場所へ移動	家族を危険から遠ざける

結びに変えて（第２０章）

　今、キミは自分の現在と未来の探査を終えたのだ。そして、四つの未来についてシナリオを書き、望ましい未来をデザインし、望ましい人生を成就する戦略を工夫し、その未来へ自分を案内してくれる行動計画案を作り上げた。さらに、キミは不測対応の準備も整えた、そして、必要になれば、それに応じて対応出来るはずだ。次の、一番大切なステップは行動計画案にしたがって出発し、キミが望む未来へ向かうのだ。キミはそれを楽しむべきなのだ。

キミの計画案を生きる！

　ワークブックを終了した後、一日か二日空けて、そして、もう一度やったことを見直してみる。このワークブックを終えただけでも、大仕事を成し遂げたのだ。やったことを振り返って、更に良くすするために何が出来るかを決める。何か忘れたことは無いか。何か変えたいものは無いか。　計画案、行動計画案、それから不測対応を評価し直してみる。何か取り残しているものは無いか。変えたいものは無いか。何も躊躇する事は無い。変えてみる、良いものにしよう。キミのプランなのだから。

　六ヶ月か一年のうちに、又自分の計画案を見直してみる。何か変わってキミの人生に影響を与えることがあったか。どんな外的力がキミの計画案に影響しているか。進んでいるか。キミが考えていたものと、違ったシナリオが展開しているか。必要ならば計画案を修正し、変化に対応し、止まらずキミのビジョンに向かって進むのだ。ビジョンを変えたり、練り直すのはいつでも良いのだ。

　キミの人生や世界における変化を長期に渡ってモニターし、必要と感じたらいつでも計画案を調整しつづける。変更を加える必要が無ければ、計画案通りに進み、その通り生きれば良い。

翻訳者紹介

水 田 和 生

徳島県出身

同志社大学で現代アメリカ文学／文化研究を修得した後（文学修士）、フルブライト大学院留学のプログラムで、WESTERN MICHIGAN UNIVERSITY で現代アメリカ散文（M.A）学び、その後、UNIVERSITY OF WISCONSIN で東アジヤ文化の研究（M.A.）を続けた。

そこで、比較生活文化という考え方に目覚めて、日本比較生活文化学会の設立に参加。後に、複雑系の考え方、未来学へと領域を展開する。

京都産業大学名誉教授。専門分野：比較生活文化論、未来学。

日本比較生活文化学会理事、World Future Society の会員。

NPO 日本未来研究センター理事。

NPO 国際教育文化交流協会理事。

主な著書・論文

著書：

『比較生活文化学序説』。白馬社。１９９６

『文化の未来学』。白馬社。２００４

未来学関連

エッセイ：

読売賞：「関西復権を求めて：太平洋大学の設立」　１９８９．１．１．

論文：

'A Systems View of the Cultural Personality: A Mimetic Approach to a Better Future,' *World Future Review* August-September 2009, pp.17-28.

'The Future Evolution of Humanity: A View from Japan,' *World Affairs: The Journal Of International Issues, Volume Fourteen・

80

Number Three, Autumn 2010, pp. 70-85.

'Robots in the Year 2025: Toward a Better Quality of Life,' World Future
Review vol. 2, No 4 August-September 2010, pp. 31-38.

著者紹介

　国際貿易ビジネスで成功を収め、ヴェルン・ウィールライト氏は大学院に行くことにした。ヒューストン大学、クリアレイク校、未来学研究学科で、長期的展望とその考え方について学びたいと思ったからだった。修士課程を終えて、ウィールライト氏は自分が学んだ考え方や方法論は非常に価値あるものだと思ったが、それは大企業や組織に関するものであった。

　拡張出来る—その方法は長年大きな組織に有効であったように、個人だけでなく小さなビジネスにも価値あるものだと確信するに至った。その拡張性を証明するために、彼はリーズ・メトロポリタン大学、博士課程の研究科に入学した。博士論文「キミの人生：個人に関する予測と未来学」は世界中の未来研究者が使っている考え方と方法の拡張性を明確に表明している。

　ワークショップや講演会を通して、更に、その実施可能な値打ちや使い易さを証明している。ウィールライト氏の個人用の未来に関するワークブックは今や諸大学でテキストに採用され、数カ国語で配布されている。ワークブックは現在、フリーでこのホームページからダウンロード出来る。www.personalfutures.net　最近、それは本書と連動して使えるようにアップデートされている。

　ウィールライト氏は、the Association of Professional Futurists, the World Future Society, and the World Future Studies Federation.等の会の活発なメンバーで、 APF の世界の大学の予測と未来学に於ける学生の研究を検証する委員会の委員長を務め、the World Future Society （世界未来学会）では、毎年発表する。ウィールライト氏は論文を国際的なジャーナル等に多数発表している。本書を書くために一年休んでいたが、個人や小さいビジネスにも未来学の方法が役に立つことをテーマに講演活動を再開している。

　ご意見、ご質問がある方は彼に直接聞いてみて下さい。verne@personalfutures.net.

www.ingramcontent.com/pod-product-compliance
Lightning Source LLC
Chambersburg PA
CBHW081636040426
42449CB00014B/3332